AF290087

COMMENT GÉRER LE STRESS AU TRAVAIL ?

Les conseils à connaître pour s'en sortir

Par Géraldine de Radiguès

50MINUTES.fr

COMMENT GÉRER LE STRESS AU TRAVAIL ?

- **Problématique ?** Dites STOP au stress au bureau ! Soyez maître de vos réactions !
- **Utilité ?** Réagir de façon réfléchie pour ne pas perdre la face ; éviter les situations de fuite, de lutte ou d'inertie ; apprendre à se dépasser et à passer de la survie à la créativité.
- **FAQ ?**
  - <u>À quoi sert le stress ?</u>
  - <u>Comment reconnaître le stress ?</u>
  - <u>Que cache le stress ?</u>
  - <u>Comment vivre aux côtés d'un collègue stressé ?</u>
  - <u>Comment évacuer le stress ?</u>

Indispensable à la survie, le stress fait partie intégrante du fonctionnement des animaux et ce, depuis toujours. Plus largement, il joue le rôle d'indicateur de danger et peut donner des impulsions fortes à tout être vivant sous cette tension.

Aujourd'hui, dans nos pays occidentalisés, le niveau de stress auquel doit faire face la majorité des travailleurs, en entreprise ou ailleurs, a indéniablement augmenté. Il pousse chaque individu à maximiser ses performances, sous peine d'être menacé, de se sentir dévalorisé ou coincé dans des objectifs impossibles à atteindre, contrôlé durant ses prestations ou obligé de rembourser une partie de ses revenus en cas de résultats non atteints, d'être comparé aux collègues, et ainsi de suite. Ces exigences mettent les gens sous pression, aussi n'est-il malheureusement pas étonnant de relever toujours plus de cas de dépressions, de burn out ou de consommations d'antianxiolytiques.

Mais qu'est-ce qui nous pousse à nous mettre dans pareil état ? Tentons de comprendre comment transformer un sentiment de stress, à priori désagréable, en une source de dépassement de soi positif.

B.A.-BA DU TRAVAILLEUR STRESSÉ

QU'EST-CE QUE LE STRESS ?

Le stress est une information émise par le cerveau pour nous prévenir que nous vivons une situation qui nous dépasse, qui nous met dans l'inconfort et/ou nous insécurise. Ce symptôme, bien que peu agréable, existe depuis toujours et est très utile. Il provient de la partie de notre cerveau la plus primitive : le cerveau reptilien.

LE SAVIEZ-VOUS ?

En neurocognitivisme, on découpe le cerveau en plusieurs parties :

- le cerveau reptilien, le plus primitif ou instinctif ;
- le grégaire ou paléo-limbique, qui gère notre positionnement au sein d'un groupe ;
- le néo-limbique ou la « bibliothèque de

souvenirs, de vécus ou d'informations diverses » ;
- le préfrontal, où siègent la créativité et l'adaptabilité.

Les différentes parties de cerveau

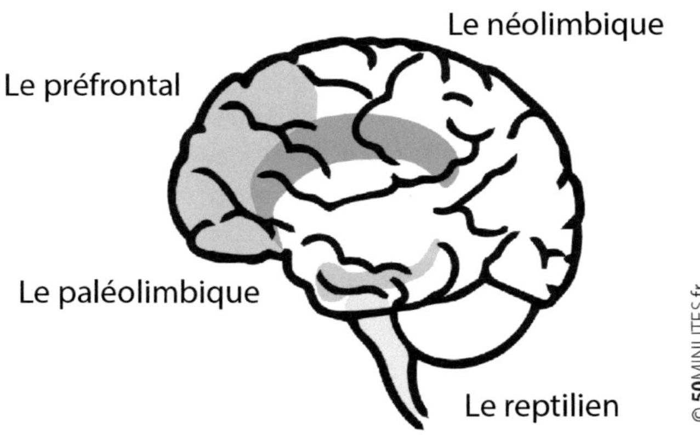

Face à un sentiment de stress, tous, animaux comme humains, peuvent montrer trois attitudes différentes :

La fuite

- **L'animal c**ourt, fuit quand il sent un danger.
- **Les hommes** réagissent de façon similaire : leur instinct les pousse à ressentir ce même désir de fuite. Qui n'a jamais connu une envie soudaine de partir avant un rendez-vous important ? Qui n'a jamais eu envie d'aller aux toilettes juste avant un entretien ou un examen ? Bien plus qu'un ressenti, ce type de comportement trouve un sens au niveau physiologique : il nous allège en cas de départ précipité.

La lutte

- **L'animal** grogne, montre sa force pour impressionner son adversaire et le convaincre à se soumettre.
- Chez **les humains**, cet état se traduit par de la colère, des cris, des poings que l'on abat sur la table, des sourcils qui se froncent, de la violence, des insultes pour affirmer la puissance et le potentiel propres à chacun, et dominer l'interlocuteur.

L'inertie

- Face au danger, **l'animal** ne bouge plus, reste figé dans l'espoir de passer inaperçu, d'être oublié. Ne vous est-il jamais arrivé d'allumer une lampe et de voir une araignée immobilisée sur le mur ? En roulant de nuit, n'avez-vous jamais surpris avec vos phares de voiture un lapin et remarqué qu'il reste immobile sur la route ?
- Les **hommes** éprouvent face à certaines situations une surprise telle qu'ils s'en trouvent déboussolés et littéralement paralysés. Ils sont donc parfois incapables de réagir lorsque, par exemple, une armoire s'écroule sur un collègue qui se tient non loin d'eux. De même, certains resteront impassibles face à leur patron en train de vociférer, alors que dix minutes plus tard, une fois sortis de cet état d'inertie, ils trouveront les arguments et excuses qu'il aurait fallu formuler devant leur supérieur. Enfin parfois, ils ressentent tout simplement un découragement qui les pousse à tout abandonner.

LE STRESS, INDICATEUR DES LIMITES PERSONNELLES

Nous l'avons vu, le stress joue le rôle d'un indicateur, puisqu'il nous livre un message et nous confronte à nos limites.

Ainsi, lorsqu'un événement ou une parole nous plonge dans un état de tension, c'est que cet élément extérieur heurte directement notre sensibilité. Il réactive une susceptibilité, un vécu difficile, une émotion, et puisque nous ne souhaitons plus revivre cette situation, par réflexe de survie, notre mental bascule en zone de stress. Le cerveau reptilien prend alors les commandes de nos actions pour nous protéger et nous éviter de devoir revivre ces souvenirs difficiles.

Quelle que soit notre réaction (lutte, inertie ou fuite), on en vient finalement à se demander quelle est la nature de cet extérieur qui nous porte atteinte. Est-ce cet environnement qui est source de stress, ou est-ce plutôt l'émotion ou le souvenir qu'il réveille en nous qui le crée ?

Ressentir du stress nous permet de rencontrer nos limites et par conséquent de mieux nous connaître. En observant les mécanismes qui nous font basculer dans un mode de survie, de stress, nous réalisons souvent qu'un mauvais souvenir ou une même peur – que l'on veut à tout prix éviter – n'auront de cesse de survenir dans notre vie sous des formes parfois très différentes. Apprenez donc à vous connaître : à force de vouloir éloigner ce stress sans l'affronter, vous risquez de vous y enfermer.

> **Témoignage : Ludovic, 36 ans**
> J'ai mal vécu l'autorité de mon père et n'ai jamais osé lui dire. Durant mon enfance, par amour, ma mère s'est mise entre lui et moi pour atténuer nos conflits, apaiser mes frustrations et je n'ai jamais su lui communiquer mes limites, ce que j'avais sur le cœur. J'ai pris sur moi et ai attendu ma majorité pour vivre mon indépendance et m'éloigner de lui.
> Diplôme en poche, je me retrouve dans un travail avec un patron autoritaire, cela me déstabilise et je n'arrive pas à me positionner face à lui. Il sent ma faiblesse et me respecte de moins en moins. Pour me protéger, je fais mine d'être indifférent – alors qu'au fond de moi, je suis rongé – ce qui exaspère encore plus mon employeur, ou alors, je me donne corps et âme pour fournir un travail impeccable pour éviter tout reproche. Les heures

passées à la tâche me font perdre mon discernement ; mon supérieur relève mes fautes, ses critiques me blessent. **Je me sens sous pression, de moins en moins à ma place, je perds pied et commence à douter de mes capacités. J'ai peur de craquer, l'étau se resserre...**
En couple, comme je n'aime pas les affrontements, j'ai tendance à mettre ma conjointe devant le fait accompli, ce qui ne lui plaît pas, car elle se sent négligée. Elle râle, me culpabilise, je me résigne. Notre relation se dégrade, car pour éviter ses cris, ses remarques, je rentre plus tard sans la prévenir. Sa frustration se traduit par des discours violents, blessants. **Je me sens la victime d'un bourreau ivre de colère... malgré le fait que mes intentions soient bonnes. Je suis désarmé.**

Ce schéma se répétera tant que cet homme ne décidera pas de creuser au-delà des faits pour comprendre d'où vient le stress.

- Qu'est-ce qui se cache derrière ses comportements ? Pourquoi est-ce qu'il réagit de la sorte ?
- Qu'est-ce qui se rejoue à chaque fois et le confronte irrémédiablement aux mêmes problèmes ?

Il lui faut trouver un comportement adapté pour faire face à la situation, sortir de ce schéma et passer à l'action. Parfois, certaines étapes nécessitent l'accompagnement d'un profession-nel pour nous aider efficacement dans notre auto-libération.

Clin d'œil personnel

Prenez le temps de vous observer après un moment de stress :

- Comment vous sentez-vous ?
- Qu'observez-vous au niveau des schémas de votre vie ? Y-a-t-il des choses qui se répètent, des dynamiques qui se rejouent dans différents contextes ?
- Arrivez-vous à nommer le premier domino qui entraîne les autres dans sa chute ?
- Que pourriez-vous faire concrètement aujourd'hui, dans le calme et le respect de tous, pour sortir de cette tension recréée chez vous ?

DÉPASSER LE STRESS POUR ÊTRE SOI

Si un sentiment de stress non géré peut nous empêcher d'incarner véritablement ce que nous sommes, il nous interdit aussi directement l'accès à notre potentiel et à nos compétences en devenir.

En effet, aux stimuli du stress répond naturellement un mécanisme lié à l'urgence : face à une situation qui nous touche et est a fortiori inconfortable, nous fuyons, nous nous mettons en colère ou restons sans voix, figés. Quelle que soit notre réaction (fuite, lutte ou inertie), nous perdons le contrôle de nous-mêmes, à la fois déconnectés de nos envies, de nos besoins, de ce qui est important pour nous, de notre unicité. Nous sommes en situation de survie et cette tension a un impact sur notre corps, ce qui nous fatigue nerveusement et physiquement.

Or, un rendez-vous sera plus efficace, une discussion plus fructueuse et un imprévu mieux géré si nous restons détendus et en pleine possession de nos moyens. Notre posture même sera plus convaincante, notre discours plus juste. Les solutions, elles aussi, s'imposeront plus rapidement si nous agissons en accord avec nous-mêmes, et en fin de journée, nous serons également moins épuisés.

PASSER DE LA SURVIE À PLUS DE CRÉATIVITÉ

La relation action-réaction

Pour nous aider à comprendre cet état de survie et les perspectives de changements possibles, commençons par nous rappeler que nous avons hérité d'un comportement du règne animal, et que, par conséquent, face à une situation stressante, nous agissons par instinct, par réflexe ou par automatisme :

> Tu dis.
> Je réponds.
> Tu agis.
> Je riposte.

Dans ce genre de relation action-réaction, les réponses fusent. Nous percevons les éléments et événements extérieurs comme des attaques auxquelles il faut riposter. À cet instant, nous nous convainquons qu'il nous faut rester sur nos gardes pour être prêts à réagir avant d'être déstabilisés. La riposte rapide nous semble être notre meilleur moyen de protection, une défense imparable face à cet extérieur imprévisible.

Mais attention, car nous nous éloignons de notre essence propre : à vouloir se hâter, nous oublions qui nous sommes et quelles sont nos valeurs. En réalité, nous ne prenons que peu de temps et d'espace pour trouver un comportement adapté à la situation qui se présente, aussi nos réponses sont-elles souvent limitées et rarement ciblées. L'étau se resserre et laisse une marge de manœuvre étroite. Nos propos et/ou nos actions ont dépassé notre pensée et n'ont pas laissé paraître notre véritable « moi ».

Le cloisonnement

Suivant cette logique, nous avons également tendance à rechercher une zone de confort, synonyme de sécurité, et installons une certaine routine dans nos actions et nos pensées. En plus de faire preuve d'une relative rigidité dans nos jugements, ce qui assure notre stabilité intérieure, nous commençons à simplifier les faits – bien ou mal – et à catégoriser les gens –

bons ou mauvais. Nous nous enfermons dans des certitudes ne laissant que très peu de place aux autres points de vue. Ainsi, une attitude répétée une fois, deux fois, peut être source de généralité et notre réflexion devient empirique. Enfin, nos faits et gestes sont guidés par l'image sociale qu'ils peuvent susciter : la peur d'être mal jugé, la crainte d'être rejeté des autres, etc.

Cet état d'esprit nous enferme sur nous-mêmes, nous cloisonne, ce qui restreint et durcit notre vision de la vie et notre perception des choses et des autres. Au-delà de ce constat, cela nous met sous pression et nous fait ressentir un stress permanent. L'existence, le travail, les autres nous paraissent être des poids à gérer et cela nous demande de plus en plus d'efforts pour continuer d'exister, d'être performant malgré cette coquille qui pèse lourd sur nos épaules et nous rapetisse.

Le cercle vicieux du stress

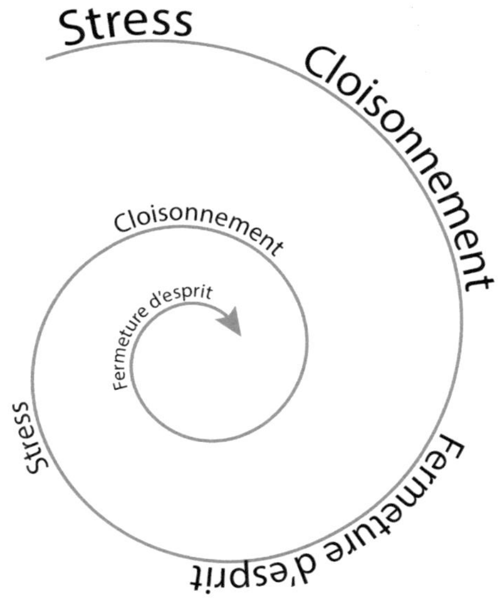

Or, pourquoi être sur terre si ce n'est pour exister en tant qu'être à part entière, capable d'aimer et d'accepter l'autre et soi-même, et pour faire valoir ses atouts – chacun en possède ! – au sein d'un travail, d'une société ?

De la survie à la créativité

Pour tendre vers cette réalité, il faut s'imaginer la situation suivante :

- un « moi », être fini bordé de limites (le corps) ;
- un élément extérieur (une situation, une personne), qui est aussi limité.

Lorsque cet extérieur vient à nous, autrement dit quand quelque chose nous arrive, les limites de cet élément viennent empiéter sur les nôtres, à l'image de deux mains qui se joignent.

Entre les deux entités en contact, il existe un espace dédié à la rencontre. Il s'agit d'une zone neutre, une sorte de *no man's land* dans lequel chacun prend le temps et la place nécessaires pour retrouver son « moi » profond. À ce stade, il est important de se poser les bonnes questions pour pouvoir évaluer quelles peuvent être les meilleures réponses, les meilleurs comportements à adopter face à une situation, et ce uniquement en fonction de soi :

- Qu'est-ce qui est important pour moi ?
- Qu'est-ce je désire ?
- Qu'est-ce qui m'apporte de l'inconfort ?

- Qu'est-ce que je veux dire ou faire ?

Cette rencontre nous permet de voir cet extérieur arriver sans nous sentir envahi et ainsi de pouvoir nous poser pour agir plus efficacement ensuite. Par cette rencontre, nous apprenons à nous connecter à notre moi et à discerner ce qui nous touche personnellement. Cette prise de recul nous permet également de nous respecter. Si avant, notre comportement était dicté par la peur d'être jugé ou rejeté, aujourd'hui cette zone de rencontre nous permet d'entrer en contact avec notre opinion personnelle, à savoir ce que nous pensons, ce qui constitue notre « moi » unique.

LE STRESS EN ENTREPRISE

Le contexte social

Selon le sociologue américain Hudson, l'évolution du contexte social durant ces dernières décennies a pour effet, aujourd'hui, d'augmenter la pression sociale en entreprise. Le stress hante le quotidien de nombreux travailleurs dont les supérieurs attendent une performance élevée constante. À l'origine de ces changements de mentalité, il existe divers facteurs qui fragilisent les individus.

- **Le temps d'apprentissage**. Alors qu'auparavant, le temps qui était consacré à l'apprentissage d'un métier était limité – à une période d'étude succédait habituellement une deuxième phase qui nous attribuait définitivement un métier précis –, de nos jours, nous apprenons constamment. Après la fin de la scolarité, il n'est en effet pas rare que nous nous spécialisions, suivions des formations complémentaires et/ou réorientions notre carrière. Certains intègrent des écoles de seniors, suivent des cours en tant qu'élèves libres... Notre apprentissage est continu ; pire : nous apprenons même à apprendre !
- **Les phases de la vie.** Auparavant, la vie se découpait en deux périodes : l'enfance et l'âge adulte. Aujourd'hui, notre existence est comme un livre dont les différents chapitres s'organisent en fonction de nos diverses expériences : on étudie, on part à l'étranger, on se marie, on se quitte, on change de métier, on déménage, on se stabilise avec de nouvelles rencontres. Les voies sont multiples et les

changements qui en découlent structurent notre vie de façon aléatoire.

- **Le rythme de la vie.** Nos aînés travaillaient durement et sans relâche dans l'espoir de profiter plus tard de jours meilleurs ; il ne faisait aucun doute, pour eux, que l'avenir était source de bonheur, de joie et de santé. Actuellement, cette vision de la vie a perdu du terrain au profit du « tout, tout de suite ». Plus question d'attendre : l'avenir est trop incertain, alors que les choses évoluent et se démodent tellement vite. La société actuelle nous pousse sans cesse à la consommation, en nous présentant une vision sublimée d'un idéal de vie pourvu que nous achetions tel ou tel bien. Une promesse de bonheur souvent bien éloignée de ce que nous ressentons dans les faits… Bien plus, cela nous soumet à une pression considérable, car atteindre et maintenir un certain niveau de vie nécessite toujours plus de dépenses, le marché créant inlassablement de nouveaux produits qui engendrent à leur tour de nouveaux besoins ou désirs.
- **L'organisation sociétale.** Anciennement, l'importance des valeurs patriotiques, religieuses et bien sûr familiales apportait une

certaine stabilité, un rail de conduite. On faisait carrière dans la même entreprise, et le sentiment de sécurité émanait des structures extérieures. De nos jours, les crises se multiplient, les convictions religieuses ne sont plus unanimes et chacun vit selon sa propre « philosophie » de vie inspirée de sources spirituelles et/ou philosophiques, ainsi que de ses expériences personnelles. Les familles sont majoritairement éclatées, l'ouverture à l'international accélère les délocalisations, favorise les mouvements de population, les entreprises licencient. Dans un tel contexte, le sentiment de sécurité des gens provient de l'intérieur.

Ces changements sociétaux sont parfois mal vécus par certaines personnes : ils les fragilisent dans leur perception de la vie, les empêchent de rebondir face à certains événements. La fatigue morale s'installe alors, car elles ont l'impression de vivre constamment sur un siège éjectable. Ajoutons à cela les croyances véhiculées et l'insécurité qu'éprouvent certains travailleurs face au milieu professionnel dans lequel ils évoluent :

- le personnel est mis sous tension, car cela reste plus productif à court terme ;
- rien n'est jamais acquis : on ne fait plus forcément carrière dans une société, personne n'est indispensable et seuls les plus motivés ont leur place.

- Y a-t-il des croyances spécifiques dans mon environnement de travail ?
- Quelles sont les sources de stress au travail ?

Les symptômes du stress au travail

Le stress, s'il est négligé, est comme une tempête qui emporte beaucoup de choses sur son passage.

Il peut être activé de diverses façons : un manque de confiance en soi, une peur de décevoir, un objectif qui paraît insurmontable, une ambiance entre collègues difficile, une pression sur une prestation à fournir, un manque de dialogue et des non-dits – ce qui rend l'atmosphère électrique –, un responsable autoritaire et dévalorisant, un mal-être personnel, etc.

- Au départ, la personne stressée ignore son inconfort se répétant que le temps arrange les choses. Elle surmonte ses inquiétudes, devient plus attentive pour ne pas commettre d'erreurs.
- Au stade suivant du stress, elle prend conscience que ce mal existe et persiste. Elle réalise que cela la met sous pression, la déconcentre, l'empêche de dormir, mine ses relations avec les autres, l'isole la journée. Elle luttera constamment contre le malaise qui la suit de retour à la maison.
- Si la situation se dégrade encore, son travail va en pâtir davantage avec un risque de fautes plus conséquentes. Mentalement et physiquement, cette personne est épuisée, car elle lutte pour rester en place et cela lui demande une grande énergie.
- Survient alors le désespoir, l'envie de tout laisser tomber. À quoi bon puisque tout est terne, sans vie, sans joie, sans motivation ?

La spirale du stress peut s'immiscer rapidement et/ou perfidement un peu plus chaque jour.

Soyez donc vigilant aux premiers signes pour réagir à temps.

TOP CONSEILS

- Soyez comme un sportif professionnel, qui s'assure un équilibre de vie pour être performant dans la durée. Ayez donc une bonne hygiène de vie avec un sommeil régulier, des moments de détente avec vos amis, un espace pour vous évader avec vos hobbies. Faites du sport pour oxygéner votre esprit, passez du temps avec ceux que vous aimez et optez pour une alimentation variée et équilibrée !
- Profitez de l'instant présent au lieu de vous inquiéter de l'avenir ou de regretter le passé.
- Obligez-vous à fixer des objectifs à court, moyen et long terme : cela donnera du sens à vos actions et à votre existence. Si les tâches se multiplient, dressez une « to do list » afin de hiérarchiser par ordre de priorité les obligations les plus urgentes et prenez rendez-vous avec vous-même pour les réaliser.
- Au lieu d'opter pour une routine qui vous rassure, vous pouvez décider de devenir curieux, plus ouvert aux changements, à l'extérieur qui vous entoure. Allez dans un endroit inconnu

au moins une fois par an. Si vous vous sentez enfermé dans vos pensées rigides, vous pouvez décider de devenir plus adaptable et plus souple : essayez la flexibilité, cela relâche les tensions intérieures.

- Arrêtez-vous un instant et faites le bilan de votre vie. Si vous avez tendance à catégoriser les choses et les gens (bon-mauvais, bien-mal), essayez de nuancer vos propos et de relativiser après avoir pris du recul sur vous-même et sur la relation que vous entretenez avec l'extérieur. Soyez plus doux avec la vie et avec vous et appréciez qui vous êtes dès aujourd'hui. L'effort, la direction de vie que vous choisissez, compte plus que le but.

- Si vous vous sentez dépassé par une tâche à effectuer, demandez de l'aide ou des informations complémentaires. Ne vous enfermez pas dans vos incertitudes, sinon c'est votre confiance en vous qui s'en trouvera affaiblie !

- Ne laissez pas les « toujours » et les « jamais » vous imposer une vision de la vie étroite : chaque événement est unique et mérite une réflexion adaptée.

- Retrouvez votre opinion personnelle, car c'est précisément ce qui vous rend unique, authentique et si utile. Toute crainte d'être jugé devrait ainsi disparaître, vous permettant de trouver votre place et de déployer vos talents en toute sérénité.

FAQ

À QUOI SERT LE STRESS ?

Le stress est un état d'alarme bien utile.

Ainsi, métaphoriquement, lorsqu'un événement survient, notre bibliothèque interne – partie du cerveau qui rassemble nos expériences directes et indirectes, nos croyances, nos codes sociaux, nos valeurs et antivaleurs, nos ressentis, etc. – est sollicitée, car elle doit fournir une réponse adaptée à la situation qui se présente. Elle recherche dans ses divers rayons de stockage une réponse qui puisse convenir. Si elle ne trouve rien qui fasse l'affaire, elle lance une information qui crée une tension signifiant que ce fait/cette réalité est hors norme et qu'elle ne peut pas spontanément proposer de comportements adéquats.

On comprend dès lors que l'activation du stress chez un individu est une conséquence. Cette tension est porteuse d'un message, d'une information : quelque chose nous touche et il faut lui accorder davantage d'attention, car nous n'y sommes pas préparés !

COMMENT RECONNAÎTRE LE STRESS ?

Ce sont les manifestations du stress que nous vivons – la fuite, la lutte ou l'inertie – qui peuvent nous renseigner. En effet, lorsqu'une situation nous met dans l'inconfort, l'insécurité ou qu'elle nous dépasse, nous vivons des moments de fuite, de lutte et/ou d'inertie en passant de l'un à l'autre rapidement et sans ordre précis.

> Je suis en route pour aller chez un client et en chemin, il y a un accident de voiture. Le ring se bloque, les gens n'avancent plus. Je suis coincée dans mon véhicule et je sens que je vais être en retard.
>
> Je commence par essayer de me dégager, de rejoindre la bande de droîte pour sortir dès que possible, je veux bouger **(fuite).** Puis, je constate que les voitures sont bloquées, que personne n'avance, alors je klaxonne, je trouve que les autres conducteurs sont des incapables, ils m'énervent **(lutte)**. Mon regard croise l'horloge de mon tableau de bord et je constate avec découragement que malgré mes efforts, l'heure avance, que je serai en retard et qu'il n'y a rien à

faire contre cela. J'ai envie de tout abandonner, de rentrer chez moi **(inertie).** Puis, j'entrevois un camion au loin qui bouge, cela me donne de l'espoir et j'essaie de me faufiler **(fuite)**...

Clin d'œil personnel

Pensez à une situation inconfortable ou inquiétante récemment vécue.

- Avez-vous senti le stress grandir en vous ?
- Quel comportement avez-vous adopté ?
- Êtes-vous passé par les différentes manifestations de stress (fuite, lutte et inertie) ?

QUE CACHE LE STRESS ?

La méthode des « deux pourquoi » est un moyen rapide et efficace pour identifier ce qui se cache derrière un stress.

Lorsque vous sentez une tension monter en vous, vous vous demandez certainement pourquoi ? Pourquoi maintenant, comme ça ? Pourquoi cette situation vous énerve-t-elle tout à coup ? Si vous approfondissez votre réflexion, vous risquez d'être surpris(e), car bien enfuie derrière ce sentiment de stress, une peur est à l'origine du malaise ! Vous réalisez alors que ce n'est pas l'événement précis qui crée du stress : sa présence ravive et réactive une tension qui existait déjà en vous.

L'exemple de l'embouteillage, développé plus haut, peut illustrer cette théorie.

> **Le premier pourquoi**. Pourquoi est-ce que le fait d'être coincé(e) dans des embouteillages dus à un accident me crée du stress ? La réponse s'impose : je n'aime pas être en retard, surtout lorsqu'il s'agit de se rendre chez un client que je connais mal, et que j'avais tout prévu pour que mon timing soit parfait. Toute mon organisation tombe à l'eau à cause de cet événement inattendu.
>
> **Le deuxième pourquoi**. Pourquoi le fait d'être en retard et de voir mon organisation mise à mal me stresse-t-il ? La réponse à cette question touche davantage à l'image que je renvoie à l'extérieur : je n'ai pas envie de passer pour quelqu'un de non professionnel et ai peur de perdre ma crédibilité aux yeux de mon client.

Citez trois situations récurrentes qui vous stressent. Pour chacune d'elle, appliquez la méthode à « deux pourquoi ».

- Que cachent ces tensions ?
- Connaissez-vous l'origine de ces tensions ?
- Sont-elles liées à des craintes, à des expériences désagréables, à des blessures anciennes ?

COMMENT VIVRE AUX CÔTÉS D'UN COLLÈGUE STRESSÉ ?

La première étape consiste à repérer le stress chez l'autre. Cela n'est pas toujours facile, car il faut pouvoir comprendre son mécanisme. Qu'est-ce qui le met sous tension ? Quel comportement adopte-t-il (fuite, lutte ou inertie) face à quelle circonstance ?

- Premier conseil : n'essayez pas de raisonner quelqu'un qui vit une situation stressante, car cela ne sert à rien ! Bien au contraire, vous risquez d'avoir des mots déplacés, d'être la source d'échanges violents ou de dialogues non productifs. En réalité, c'est exactement comme si vous disiez à une personne suspendue dans le vide de se relaxer et de lâcher prise !

- Cherchez ensuite à identifier ce qui vous dérange dans le comportement de votre collègue, car son attitude peut s'avérer néfaste pour l'équipe et pour vous.
- Ensuite, quand le moment de stress est passé, ayez une conversation avec votre collègue pour lui faire réaliser son mode de fonctionnement. Sans accusation ni jugement aucuns, exposez-lui l'épisode comme un fait. Demandez-lui alors s'il se reconnaît dans le descriptif que vous lui en faites et parlez-lui de votre ressenti, de ce que cela implique pour vous et pour l'équipe.
- Enfin, trouvez ensemble une solution pour qu'à situation équivalente, en confiance, vous soyez tous les deux mieux armés !

Ce genre de discussion sans jugement est productif pour une équipe, car cela génère de la confiance entre les collaborateurs. Puisque cela arrive à tout le monde d'être stressé, il faut parvenir à installer un climat où la discussion est possible et l'échange bienveillant pour un mieux collectif.

- Vivez-vous ou travaillez-vous avec une personne stressée ?
- Dans quelles circonstances le stress survient-il chez cette personne ?
- Quel genre de comportement adopte-t-elle ?
- Comment pourriez-vous aborder le sujet tout en restant positif ?

COMMENT ÉVACUER LE STRESS ?

La première question à se poser est « quelle est l'origine du stress que j'éprouve ? ». En réalité, il peut provenir de deux sources :

- **des mauvais souvenirs liés à notre mémoire**. Si la tension est activée par la mémoire de mauvais souvenirs, il est libérateur d'entamer un travail personnel pour se libérer de ce(s) nœud(s), car tant que ceux-ci restent actifs, ils seront source de stress dès qu'un événement aura des similitudes, abordera le même sujet ou les mêmes croyances. Ces nœuds peuvent nous cloisonner tant que nous ne nous dégageons pas de leur emprise sur notre psyché.

- **de la nature même de ce désagrément**. Cela nous confronte à des antivaleurs, à des jugements négatifs, à des situations qui nous mettent mal à l'aise et que nous ne souhaitons pas/plus vivre. Il est conseillé, dans ce cas, de prendre du recul afin de mettre en place des actions concrètes adaptées à la situation.

Une fois la source de stress identifiée grâce aux réponses des « deux pourquoi » et une solution concrète adaptée envisagée, il est indispensable de passer à l'action. Très vite alors, vous remarquez que votre corps et votre esprit se calment et que le stress retombe. Dans l'exemple de l'embouteillage repris plus haut, la crainte identifiée n'est rien moins que la peur de paraître peu professionnel(le) et de perdre toute crédibilité aux yeux du client.

Mais quel comportement adopter pour tenir compte de ceci ? Pourquoi ne pas téléphoner au client et lui annoncer que le retard est dû à un accident, tout en lui conseillant de prendre un café en attendant ? Aussitôt pensé, aussitôt fait : la sensation de soulagement ne se fait pas attendre ! Vous vous en souviendrez pour la prochaine fois...

- 47 -

EN RÉSUMÉ

- Le stress est naturel et touche tout le monde, même les animaux ! Il peut se traduire par trois comportements : la fuite, la lutte ou l'inertie.
- En comprenant l'origine du stress, vous aurez l'occasion d'en apprendre davantage sur vous-même, de rencontrer et de vous confronter à vos nœuds intérieurs... une belle porte d'entrée sur le chemin de la sérénité.
- Il existe une méthode pour identifier la source cachée du stress : les réponses aux « deux pourquoi ». Celle-ci devrait vous permettre de trouver le comportement à adopter en fonction de situations précises et de gérer votre stress avec succès.
- Rester sous tension vous coupe de votre potentialité, car vous êtes alors dans des actions de survie qui sont limitées, et de ce fait pas toujours adaptées à la situation qui se présente à vous.

- Soyez comme un sportif de haut niveau : miser sur une hygiène de vie et une existence équilibrée vous permettra d'être efficace sur la durée.
- Pour mieux combattre le stress, il s'agit de se créer un espace neutre – une zone de rencontre où vous pouvez analyser, en toute sécurité, ce qui vous arrive, prendre le temps et l'espace nécessaires pour vous connecter à votre être, à vos envies, à vos talents, à vos croyances, à votre créativité – pour trouver un comporte-ment adéquat.
- Connecté à votre ressenti, vous gagnerez en confiance en vous et oserez vous affirmer : vous vous servirez de vos atouts dans votre vie – tant professionnelle que personnelle –, dans vos relations avec vos collègues, mais également dans les prestations que vous effectuerez.
- Le stress devient alors un outil précieux qui vous indique que vous êtes coincé dans un schéma de survie dans lequel vous vous limitez et vous renfermez. Sa présence vous invite à tendre vers une dynamique plus créative, plus respectueuse, plus entreprenante, vers des possibilités infinies.

Votre avis nous intéresse !
Laissez un commentaire sur le site de votre
librairie en ligne et partagez vos coups de cœur sur
les réseaux sociaux !

POUR ALLER PLUS LOIN

- DINI (Marie-Hélène), MACHET (Pascale) et HELLIO (Liliane), *Module sur le stress, les peurs, les passions d'Hudson*, formation dispensée par MHD coaching, 2007-2008.

- MOORKENS (Pierre), VANDER VORST (Chantal) et EBRARD (Benoît), *Module sur la gestion du stress et les modes mentaux*, Session B, formation dispensée par Institute NeuroCognitivisme, 2011.

- BRÉBION (Jean-Philippe), « Les Clés de la BioAnalogie », formation 2012.
www.bioanalogie.com

- BRÉBION (Jean-Philippe), *L'Évidence*, Québec, le Dauphin Blanc, 2011.

- RADIGUÈS (Géraldine de), Atelier « La gestion du stress ».
www.geraldine-de-radigues.be

50MINUTES.fr

Art & Littérature
Coaching Pro
Business
Book Review
Histoire & Société
Santé & Bien-être

JE FAIS DES CHOIX ET J'ASSUME !

DIANA, PRINCESSE DE GALLES

LÂCHER PRISE, ENFIN !

SOYEZ LÀ
OÙ ON NE VOUS ATTEND PAS !

www.50minutes.fr